Yo extensionista

LAS **3** CLAVES DEL ÉXITO EN <u>TODAS</u> LAS PROFESIONES.

Que no las enseñan en la Universidad.

Ligorio Dussán

ligoriodussan@hotmail.com

Junio de 2016

TABLA DE CONTENIDO

A MANERA DE PRÓLOGO

PRESENTACION DEL PRIMER DOCUMENTO.

"En consideración con la imperiosa necesidad de abrir un espacio para la reflexión y cambio de actitud de los extensionistas y profesionales de campo frente a sus compromisos con las comunidades rurales, estamos haciendo llegar a sus manos esta selecta lectura.

Su autor, doctor LIGORIO DUSSAN, permitió a la Red Interinstitucional de Cooperación Técnica para el Desarrollo Forestal Participativo, copiar y difundir parte de su obra.

Usted, más que nadie, podrá ofrecerle merecidos elogios; pero además recogerá los mejores frutos de su experiencia y trabajo al lado de los campesinos colombianos."(Comentario de FAO Proyecto Forestal Participativo)

CAPITULO I

Comience con el final en mente.

Stephen R. Covey.

Así como era su costumbre, así también en esta ocasión me acompañó sin siquiera hacer comentario alguno. No preguntó nada. Se limitó a observar. De vez en cuando hacía alguna anotación en una libreta gruesa. Aquella fue una actividad como Ingeniero agrónomo extensionista: una visita a finca. En la mañana se había celebrado otra labor educativa de grupo: una reunión.

Después de varias horas de cierto mutismo, quise conocer un poco más a mi singular acompañante. Solo sabia que era un "asesor", que quería conocer mi trabajo y el de otros técnicos extensionistas; que estaba contratado para una asesoría.

-¿Cómo me dijo que se llamaba usted? -le pregunté un poco a secas. (Cuando me lo presentaron -como ocurre casi siempre en las presentaciones- no le entendí claramente). Su acento indicaba que era extranjero; sin embargo hablaba y entendía muy bien el español.

-Llámeme "Alí"; mi nombre completo es Agca Ven Adli.

-Parece de origen israelita, o turco, como les decimos a los de esa parte del mundo -le comenté socarronamente.

-Si -dijo- tengo origen medio-oriental, sangre de comerciante.

-De verdad que los "turcos" no se varan -le corté. Se inician con pequeños negocios de telas y en poco tiempo, son dueños de grandes almacenes. (Aquí lo estaba asociando a los libaneses que han venido y han hecho fortuna con almacenes especialmente de telas)

-Es cierto -terció mi interlocutor; pero no solo en el

comercio, también en la agricultura y en la industria somos fuertes. Hacemos producir el desierto; desarrollamos tecnologías.., vamos hacia un desarrollo equilibrado.. .y ¡somos de hoy! Nacimos como país independiente hace relativamente pocos años. Ahora, colaboramos con otros paises como este; brindamos asesoría...

-Usted es, entonces, un consultor en desarrollo rural, verdad? Debe saber mucho de extensión -exclamé.

-Esa es mi profesión -repuso.

-Pero me dedico a hacer consultorías en empresas, con profesionales, como en este caso con ustedes como... extensionistas; pero más que saber de extensión rural, me considero un aprendiz. Siempre estoy en búsqueda de experiencias, de nuevos métodos de trabajo con la comunidad rural. Por eso, más que enseñar, comparto; más que indicar, observo; y en lugar de "orientar" un desarrollo, lo facilito. Mi función de asesoría es algo de todo.

Casi prefiero el nombre de "agente de cambio". Promuevo... induzco facilito el cambio... empezando por las personas.

-¡Ah caramba! más despacio por favor -le dije en tono un poco burlón-. Esto es muy interesante, pero vayamos con calma.

-¿A usted le gusta el tema? -Me preguntó como incrédulo.

-¡Me fascina! Es también mi profesión. Y esta oportunidad de discutir con usted es verdaderamente única. Son muy pocas las ocasiones propicias de analizar tantas experiencias. Me parece que debería existir una especie como de foro permanente en donde se pudieran examinar nuevas ideas, diversos conceptos y muchas inquietudes sobre desarrollo humano, educación de adultos, y principalmente sobre comportamiento humano – concluí; con un poco de nostalgia.

-¡Qué bien! -aplaudió!.

-¿Quiere que aprovechemos estos días para hablar de su profesion, de la extensión como instrumento de desarrollo rural y de su papel como agente de cambio?

-¡Naturalmente! Su experiencia es para mí un postgrado, y de seguro que usted me aportará mucho para mi enriquecimiento como profesional y para mi trabajo práctico.

-Un momento! Yo no quiero enseñarle nada. Quiero aprender con usted, discutir con usted, compartir con usted. ¿De acuerdo?

9

-De acuerdo! Le respondí sin vacilar.

-Está bien. Empecemos pues, indicó Alí. Hablemos primero de usted como persona, como profesional, como le dije al principio.

Grábese esto: Quítese las telarañas mentales. No juegue más a la piñata. Apunte alto! Desarrolle su potencial. Tenga en mente primero lo primero.

Y... así empezó nuestro diálogo...

_____

CAPITULO II

Yo, extensionista, administrador-gerente?

Todo profesional exitoso, como usted lo desea debe ser un gerente -afirmó Alí.

-Yo, Ingeniero agrónomo-extensionista, gerente? - Pregunté como quien no entiende bien de qué se está hablando.

Desde luego que sí, contestó mi asesor.

-¿Acaso no tiene que manejar unos recursos? ¿Usted tiene unos proyectos que adelantar, un área física donde actuar, tiene que interactuar con otras personas, verdad? Más que administrador, usted debe ser todo un verdadero gerente. En su caso...un gerente social.

-No entiendo mucho.., le dije- después de meditar un rato. De acuerdo con su planteamiento, entonces, hasta la secretaria es ¿administradora?

-Desde luego! —exclamó- La secretaria atiende un público que es el sujeto de su trabajo, es su clientela, ¿verdad? Atiende un área física, su oficina; maneja unos recursos: computador, papelería, caja menor, etc. Todo en función de una actividad cual es la de colaborar dentro del equipo del trabajo de desarrollo rural.

Es más, la secretaria es un gran agente de cambio, positivo o negativo; dependiendo de su actitud y de su trato con la clientela y sus colaboradores.

-Como que me está convenciendo su argumentación, le manifesté un poco tímidamente-, y me dije interiormente: el Ingeniero de campo, el Jefe de proyectos... el Promotor del programas sociales... el Coordinador de eventos, los demás colaboradores... todos... en sus respectivas áreas, también lo son!

Aún estaba pensando en esto cuando me interrumpió como si lo dicho anteriormente le hubiera traído a la memoria nuevas ideas, o le hubieran servido de apoyo a lo que me comentaría después, y dijo:

-Miremos un poco más en el fondo lo que es el desarrollo rural. Seguramente usted comparte conmigo el concepto del desarrollo como el resultado, la consecuencia, el efecto de actividades o, dicho de otro modo, de la realización de muchas acciones en varios órdenes: en lo social, en lo político, en lo económico, en lo técnico, etc, etc.

Traigamos algunos casos: al analizar un problema de salud de la población escolar de una comunidad, por ejemplo, se identifica que una de las causas que inciden en el parasitismo intestinal radica en el consumo de agua contaminada.

Para atacar el problema se diseña y ejecuta un proyecto de acueducto con su respectivo tratamiento de agua. Con esto se consigue disminuir la población de bacterias y los factores de parasitismo. Como efecto de este trabajo las enfermedades gastrointestinales disminuyen.

En un proyecto de producción agropecuaria, para dar otro ejemplo, se formulan unas metas en las que se considera un número de hectáreas y un número de productores por atender a fin de lograr esas metas de produccion, ese propósito. El trabajo se orienta, entonces, fundamentalmente a inducir la acción, a hacer que el agricultor tecnifique su predio, verdad? ¿Para qué? Para incrementar sus ingresos... Y así podríamos continuar dando un sinnúmero de ejemplos.

Ahora bien, si se sigue en este análisis de los distintos problemas que usted como profesional independiente o empleado debe atender, se va observando cómo surgen proyectos que pueden ser simples o complejos; pero que se materializan, en la práctica, en metas. Su función, como gerente, está aquí precisamente, en lograr que esos proyectos, tengan éxito en cuanto a efectividad, eficiencia y eficacia.

-Me parece interesante esta perspectiva -le interrumpí.

-Y muy importante -comentó Alí- retomando la conversación; y apoyándose en una cita de un autor que le salió a flor de labios dijo: -Terry, en uno de sus libros de administración manifiesta que "proporcionando capital y tecnología se alcanza riqueza económica; pero proporcionando administración se logra la generación y dirección de energías humanas". Aquí hablaba ese autor del gerente-líder, observó.

Permítame advertirle además esto -indicó: la gerencia operativa o gerencia de metas, es un campo de mucha actualidad.

La planeación estratégica es un instrumento de gran aplicabilidad en su trabajo. No es un simple diseño de toda la organización. Usted tambien debe elaborar su propio plan para gerenciar con eficacia su trabajo.

-Pero es que casi todos los problemas de las comunidades no se resuelven con proyecticos así como tan simples -le interrumpí. Lo que he visto es que yo puedo adelantar unos pocos proyectos con unas metas muy concretas pero para otros casos más complejos, necesito el concurso de otras dependencias, de más gente, de especialistas.

-Desde luego que sí, y allí es donde se pone a prueba su habilidad gerencial y de liderazgo- indicó con cierto aire de autoridad. Y continuó: -Para estos casos hay un enfoque, una escuela de administración llamada de sistemas, que proporciona un marco conceptual adecuado para resolver estos problemas.

La gerencia sistémica tiene una apreciación del todo y no solo de las partes. Esta perspectiva se deriva del enfoque biológico, que demuestra que las relaciones de los organismos de cualquier tipo con su medio, deben considerarse en el análisis total de un problema.

¡Cómo sería de útil que usted pudiera conocer más sobre esta materia! Sobre gerenciamiento de metas, sobre gerencia esstratégica. Déjeme que haga unos comentarios más: se considera que entre los elementos más importantes de este tipo de gerencia estratégica están:

a) Tener unos principios y unos valores comunes con los que se identifiquen todos los miembros de la organización;

b) Buscar una verdadera participación activa y creativa de todos los miembros; y

c) Mantener siempre presente que la organización funciona tan bien como lo haga cada uno de los individuos que la compone.

La obtención de la participación es el objetivo primordial de la gestión exitosa. Si la persona se siente dueña, copartícipe de una decisión, la apoya con entusiasmo. No hay mejor control de ejecución que las propias convicciones del ejecutor. Quien mejor conoce una tarea es quien la lleva a cabo directamente... y puede aportar mucho.

A propósito de esto -continuó- recuerdo algo que comentaba un gran gerente. Lee Iacocca, en su libro "Autobiografía de un Triunfador". Dice Iacocca: "Muchos gerentes ven con reticencia que sus subordinados lleven la iniciativa, pero quedarían muy sorprendidos si vieran con qué habilidad puede gestionar un asunto el empleado que conoce a fondo la situación y está fuertemente motivado...".

Y en otro aparte indica ese autor: "Siempre he considerado que uno de los supremos logros de un directivo es saber motivar a otras personas. Llegado el punto en que es preciso avanzar para que la cosa funcione, la motivación lo es todo. Una manera de motivar es comunicarse. Es necesario estimular a que se expongan mejores procedimientos de adelantar una tarea. Es necesario que se sepa escuchar en la debida forma si se propone motivar a las personas que trabajan bajo su dirección. Este punto es, ni más ni menos, lo que marca la diferencia entre una mediana y una gran empresa que marca niveles de excelencia".

Y ¿no cree que esto del desarrollo rural es una gran empresa? ¿Se ajustan esos planteamientos a su trabajo, a su trato con sus clientes, con los agricultores, y con los demás profesionales, amigos suyos?

-Hombre... sí! -contesté muy pensativo.

En los descansos, mientras caminábamos, o a la hora del almuerzo, Alí era interrogado por los agricultores y los otros profesionales, quienes lo escuchaban con gran atención y mostraban complacencia por la forma autorizada como hablaba.

Uno de ellos comentó: -Lo que dice este doctor es muy cierto. Yo tengo una empresa…mi finca y le estoy llevando los registros de los costos de las labores, de los insumos. Tengo tambien unas gráficas para medir el comportamiento de las plagas; le hago cuentas al retorno a la inversión de la fertilización, de la mano de obra. Estimulo a los trabajadores para que me hagan bien los trabajos, especialmente la recolección. Es decir, creo que estoy aprendiendo a gerenciar mi empresa, mi finca.

Qué buen ejemplo —le dijo Alí. Y le dio un fuerte abrazo de felicitación

-Hay que trabajar mucho -nos dijo en cierta ocasión- y a veces hasta llegar a cometer errores. Si un individuo no se equivoca es porque no trabaja lo que debiera. Pienso que para abrirse camino hay que estar constantemente en la brecha, explorando sus límites. Eso significa que algunas veces usted se equivocará...

Al terminar una reunión, en la cual Alí discutió con nosotros este tema del profesional y del extensionista-gerente, resumió indicando que el agente de cambio es en verdad una persona polivalente, no necesariamente sobresaliente, con un gran sentido de equilibrio; y que a sus conocimientos técnicos, que no necesitan ser altamente especializados, debe unir una gran capacidad de organización y una buena dosis de creatividad personal y mucha capacidad de síntesis.

Con un gran aplauso le agradecimos su intervención. Pero terminó la reunión dejando muy en claro (por las sonrisas maliciosas que observó):

-Administrar y más que eso -gerenciar- no es dar órdenes! No es imponerse! Es saber escuchar! Es convertirse en "coach".

Le recomiendo que estudie un poco el tema del diseño de pensamiento. Pues como dice un autor, "…es una estructura mental que permite aproximarse a los problemas relacionando variables contextuales, tecnológicas y socioculturales para encontrar posibles territorios de innovación…" (Nicolás Vergara. Revista Dinero. Mayo 4, 2016).

Hay algo más que debe tener en cuenta... ¡Hay que hacer actuar! Es conveniente persuadir, saber hacerlo. El agricultor, el cliente, muchas veces, manifiesta que no puede aplicar ciertas prácticas tecnológicas por varias razones que él aduce, como por ejemplo: "No tengo dinero", "Estoy muy pobre"; "no tengo quien me ayude en el trabajo"; "estoy muy endeudado"; etc, etc.

Técnicamente esto recibe el nombre de objeciones. Cómo persuadir? Cómo manejar esas objeciones? Usted ingeniero-extensionista, requiere saberlo, practicarlo. Es necesario que usted aprenda la estrategia de persuasión que se aplica en las ventas profesionales. Para usted es importante adquirir estas habilidades!

Debe desarrollar una comunicación vendedora!

CAPITULO III

-Yo, extensionista, vendedor?

Vender, es una forma de vida.

Zig Ziglar

Yo, extensionista, ¿tengo que ser vendedor? Le

pregunté incrédulo saliendo del salón. ¿Por qué dice eso: que tengo que ser vendedor? Los vendedores tienen mala fama, son inoportunos, quieren engañar a la gente, solo buscan llenarlo a uno de cosas, a veces inútiles...!

-Un momento! Un momento! -me interrumpió el asesor. -Vamos a discutir esto a la luz de la ciencia y el arte de las ventas; de la actividad de vendedor científico, del vendedor profesional. ¿Está bien?

-Pues... sí. -Contesté medio indiferente, medio regañado. Y dijo:

-Cuando yo trabajaba con una agencia de maquinaria agrícola, un día, presencié esta escena que me llamó mucho la atención. El gerente se acercó a uno de sus vendedores y le dijo:

-"Ayer vino el señor Yashin y compró una de las máquinas. Es un buen cliente; sinembargo, del sector oeste de su zona de trabajo aún no se han producido boletines de ventas, a pesar de las numerosas visitas que usted ha hecho de acuerdo con sus reportes".

"Es que no quieren comprar. No están interesados. Es una gente difícil" -respondió el vendedor.

-"Esa es precisamente su misión -interpuso el gerente. Interesarlos! Motivarlos! Ese es su trabajo, usted debe inducirlos a adquirir esa mercancía, mostrarles cómo les ayuda a solucionar el problema que tienen, en una palabra ¡venderles! usted es el promotor, el agente-promotor".

-¿Quiere decir usted que la estrategia que emplea el

vendedor es similar a la que debo aplicar como asistente técnico, como extensionista? -pregunté intrigado ya por la forma como me estaba presentando el tema.

Se me vino entonces con una serie de preguntas, como para que yo sacara mis propias conclusiones:

-¿Por qué algunos productores o agricultores, clientes en general, adoptan las prácticas que ustedes los técnicos recomiendan? Vale decir, ¿por qué estos "compran" la idea de renovar, de fertilizar, de tecnificar, de aplicar tecnologías y... otros no? ¿Será que los primeros son "buenos clientes" y los últimos, "clientes malos"? O, que la zona es "muy difícil"? o... ¿será que usted, extensionista, asistente técnico, profesional de cualquier disciplina, no les sabe vender sus servicios?

-No había pensado en eso, -me defendí tímidamente.

No le interesó mucho mi respuesta y continuó: -El abogado "vende" una imagen de inocencia de su cliente ante el fiscal y el jurado de conciencia. El ingeniero "vende" su proyecto en una licitación. El médico "vende" servicios. El circo "vende" expectáculo. El profesional independiente "vende" sus servicios profesionales. Usted, extensionista, "vende" la imagen de su institución; "vende" servicios a su "clientela", "vende" tecnología a los productores.

-Son muchos los autores que afirman que cada uno de nosotros es un vendedor, no importa cual sea nuestra ocupación o profesión...

Volví al planteamiento que traía mi asesor y lo animé a que continuara su explicación.

-Como usted mismo me lo ha manifestado, y estoy de acuerdo con ello, -continuó Alí- la extensión es un instrumento de desarrollo rural. Y yo, extensionista, soy promotor, agente, facilitador de ese desarrollo. Y, si usted se acuerda, la definición de extensión dice que es un sistema educativo extraescolar, en el cual los adultos y los jóvenes aprenden haciendo cosas.

Todo está orientado hacia la mejor comprensión del fenómeno del aprendizaje: cómo enseñar mejor; y cómo aprende la gente. Pero, pensemos un poquito en esto: ¿De qué me sirve que usted, extensionista, sea un gran maestro, un gran instructor que enseñe bien una práctica, que explique una técnica, si su "cliente" el agricultor no la adopta, es decir, no la "compra"? Además, tenga presente que el fin de la capacitación no es el conocimiento sino la acción.

-Conozco muchos agricultores que han hecho muchos cursos y la finca sigue lo mismo -le interrumpí.

-¡Exactamente! ¿De qué sirve al vendedor de seguros, de máquinas, o de cualquier mercancía, visitar posibles clientes, si no vende? El vendedor demuestra, enseña su mercancía, visita clientes, pero no se queda allí. Hace actuar. Promueve la acción. ¡Vende! Usted hace demostraciones, visitas, reuniones, verdad? Y... desafortunamente se queda allí! Hace mucha actividad denominada "labores educativas", según los informes mensuales.

Y ese es el problema en general, tambien, de muchos profesionales. No saben vender sus servicios. Es que en la Universidad no le enseñaron ni siquiera a elaborar un portafolio de servicios, una hoja de vida, primeros documentos de venta!

-Tal vez a usted le hace falta un poco más ese "ingrediente" vendedor para hacer más efectiva su labor, me insistió!. Usted extensionista, debe manejar una comunicación vendedora!

- Ahora bien, si usted revisa los éxitos que ha tenido en su trabajo como profesional en extensión rural observará que en ellos hubo algo de especial: fue su actitud vendedora, aplicada tal vez in-conscientemente.

-Pero yo he oído que el vendedor nace, no se hace, le advertí.

-Vender es una ciencia, como dije anteriormente- y es un arte, repuso Alí. Por lo tanto, como ciencia se estudia, se aprende: y como arte, se ejerce, se disfruta.

-Y ¿cómo hago yo, profesional para adquirir ese "in-grediente" del que usted habla? -le pregunté motivado ya por su persistencia en este tema.

-Bueno... una ciencia no se aprende en una conferencia. Hay que estudiarla, leer mucho... Existen muchos recursos en internet: videos, cursos, libros. Y sobre todo... es necesario practicar,

practicar, practicar!!!; pero para que tenga alguna somera orientación quiero mencionarle algunos aspectos, algunas normas o principios, como muchos los llaman. Me parece que esto puede servirle bastante y por lo tanto me gustaría que le prestara mucha atención.

Y con acento casi dogmático, con gran seguridad, manifestó:

-El primer principio de la ciencia de vender, es: adoptar una actitud mental positiva, es decir, una actitud de triunfo, de éxito-. Y aclaró: -éste principio es válido para cualquier actividad del hombre. ¿Sabe usted qué es éxito? -me preguntó.

-¡Caramba! Es como difícil definirlo, ¿Verdad? Uno tiene la idea ... de mucha plata... de poder... de...

-Bueno, eso es parte del éxito. Si no estoy mal, es Og

Mandino quien deliberadamente se pregunta: "Acaso dos personas entre mil sabios pueden definir el éxito con las mismas palabras?" "Sin embargo -continùa Mandino- el fracaso se describe siempre de la misma manera: incapacidad del hombre para alcanzar sus metas en la vida cualesquiera que sean".

"El águila no fracasa porque no puede ladrar como el perro -dice Paul Yvey-; ni el perro fracasa porque no puede volar como el águila. Pero el hombre sí fracasa cuando no desarrolla sus habilidades y no vive al máximo de sus posibilidades. Fracasa, cuando simplemente vegeta; cuando pudiendo trabajar mejor no lo hace, negándose a vivir plenamente. Esto implica que no necesariamente ser jefe es símbolo de triunfo. Cada cual dentro de su campo triunfa si usa plenamente sus capacidades".

"Es que el éxito es un estado mental. De esa manera el triunfo no está en la cuenta bancaria sino en el cerebro. La fuerza que señala el éxito es la fuerza de la mente. Los pensamientos son cosas y cosas muy poderosas cuando están mezclados con firmeza de propósito, perseverancia y un ardiente deseo de traducir todo aquello en realizaciones.

Tal como un hombre cree, siente y está convencido de ello, así es la condición de su mente, de su cuerpo y de sus circunstancias. Si usted está resuelto a vivir hasta el máximo de sus posibilidades, si su actitud mental es positiva, usted apunta hacia el éxito; pero si es indiferente, va camino al fracaso. No hay término medio".

Alí hablaba con tal solemnidad que sus palabras invitaban a la reflexión.

-Y ¿cómo hago yo, ingeniero agrónomo-extensionista, para desarrollar eso que llama usted una actitud mental positiva? -le pregunté ya motivado, contagiado por su tono.

-Mire -me dijo: -Voy a presentarle lo que he oído de especialistas, cómo el vendedor profesional, el vendedor estrella, adquiere una actitud mental positiva. Me dirá después si esto mismo lo puede asimilar usted, extensionista, para su trabajo.

-Si usted lo cree así y lo ha vivido, no tengo la menor duda que me será de gran utilidad -repuse con más confianza por la manera como lo decía.

—Pues ¡bien!

Primero: además del baño físico, el vendedor de éxito toma diariamente un baño mental, se olvida de los fracasos del día anterior; elimina los pensamientos negativos, pesimistas. Se inspira en buenos propósitos. Desecha la pesada carga del "ayer" ya muerto y del mañana incierto aún. Solo lleva consigo el "hoy". Una carga en lugar de tres, transportada en pequeños paquetes, en minutos vividos plenamente.

Ese fue el secreto del pergamino número uno que el viejo Pathros dio a Hafid para hacerlo "el vendedor más grande del mundo". ¿Ha leído ese libro? -me preguntó. Fue un best-seller en su tiempo. Pero sigue teniendo validez.

—Su lectura es saludable -me dijo. En la actualidad hay muchos y muy buenos libros sobre persuasión, manejo de objeciones, conocimiento de tipologías de clientes, etc.

Y continuó: -un extensionista vendedor, Gaon Sathi, declarado el "trabajador amigo de la India" hace algunos años, recitaba frecuentemente el credo de su inspiración y en cuyos apartes dice:

".... Yo creo en la vida rural y en que esta puede ser atractiva y completa...Yo creo en mi propio trabajo, en la oportunidad que me brinda para servir a otros. Y creo en esto porque: todos los hombres necesitan de la amistad. Por lo tanto, yo procuraré ser honesto siempre..."

¿No es esto estimulante? -me requirió.

-Sin duda- contesté.

"Pero, continuemos tratando otros punticos igualmente interesantes:

Segundo: El vendedor profesional progresa porque siempre se cree un novato, sigue aprendiendo. Nunca se considera un versado en su oficio. Lee, consulta, observa, investiga. No tiene esa indolencia del vendedor mediocre que se ampara en los años de trabajo para justificar su anquilosamiento.

El mediocre confunde el tiempo de trabajo con experiencia. Un médico de quince años de egresado no es, necesariamente mejor profesional que uno de cinco años de ejercicio, si aquel no ha sido selectivo en acumular conclusiones de los éxitos y fracasos obtenidos.

Sus frases me caían muy fuerte. Tenía mucha razón.

Tercero: El vendedor de categoría -prosiguió Alí- aplica el método científico: reúne los hechos relativos a su trabajo, los analiza, extrae las conclusiones pertinentes y las aplica. Vender es tan solo un empleo si se hace con el mero propósito de ganarse la subsistencia; se torna en monotonía como la de abrir huecos.

Un gran número de profesionales ven su actividad como un empleo, porque no han analizado sus principios científicos y sus aplicaciones; porque jamás han aprendido a amar su trabajo y por lo tanto a experimentar la emoción del artista.

Cuando el vendedor o cualquier profesional es tan solo un empleado, respira esa actitud de indiferencia que contagia, volviendo al cliente frío e incrédulo.

Yo sentía esto como una severa amonestación. Callaba. Pero Alí, pareciendo no entender mi silencio, seguía diciendo:

-El buen vendedor goza de su trabajo. Los niños juegan hasta sentirse "muertos" de cansancio. Están felices. Han dado lo máximo. Es que la felicidad genera esfuerzo y, a su vez, el esfuerzo genera felicidad, de acuerdo con una ley natural que dice que el hombre se esfuerza hasta el máximo, solamente en aquellas actividades que son de su agrado.

-Se da cuenta -me observó el asesor- ¿cómo todo esto se cumple en usted, si de verdad quiere ser profesional de éxito? Tomando un baño diario de actitud positiva, revisando su trabajo, sintiéndose novato y estudiando, amando su trabajo, gozando de él...

-Y ¡esto no es todo!

Cuarto: El buen vendedor anda siempre a la caza de entusiasmo y ¡es entusiasta! Pregona las cosas buenas. Saca partido de las malas.

Si del árbol que esperaba naranjas obtiene limones, no lo corta, hace limonada. Busca la compañía de gente optimista porque el optimismo es contagiante.

Evita las personas quejumbrosas porque el pesimismo es un mal pestilente. El entusiasmo genera entusiasmo y la indiferencia genera indiferencia. El fuego produce fuego; el agua hirviendo se convierte en vapor, en energía. El agua tibia produce náuseas...

Nada grande se hace sin entusiasmo. ¡La fuerza del entusiasmo hace posible aún las quimeras! El entusiasmo es la vida de los triunfos, hasta tal punto que se dice que el fracaso no es más que la pérdida del entusiasmo. Un alumno no pierde un año, pierde el entusiasmo por el estudio. Un profesional no fracasa porque sí; sencillamente ha perdido el entusiasmo por su profesión...

Yo seguía contemplando a mi asesor con asombro; lo que decía, de verdad que lo sentía así. Lo vivía. Era contagiante su inspiración. Mis compañeros también permanecían absortos.

Y como si apenas empezara su alocución, con esa misma tónica en que venía, continuó:

-Quinto: El verdadero vendedor profesional cada vez amplia más su radio de acción. Busca permanentemente nuevos clientes. Cada uno de ellos es un mundo potencial por conquistar.

Constituye para él un reto. Por lo tanto, es creativo, los aborda a todos, les llega a todos, se las ingenia para hacerlo.

Pero no hace de las visitas, de su actividad,, una rutina. Por el contrario cada nueva sesión se constituye en los golpes repetidos del hacha para derrumbar el poderoso roble. De allí que ... diariamente "afila" sus herramientas. Planea su trabajo y su equipo; su argumentación es revisada, su porte adaptado al usuario y a las circunstancias. Su material, sus ademanes están mentalmente programados. ¡No improvisa!

-Sexto: Se siente vendedor. No le teme al trabajo, a la competencia. Tiene siempre actitud de triunfo. Piensa en grande. Fija alto sus objetivos. Se siente con poder creador. Contagia entusiasmo y no permite que le maten su entusiasmo.

Muchos vendedores de segunda clase escudan su

indolencia diciéndose: ¿para qué trabajo tanto, si es para otro el mérito de mi trabajo? Estos profesionales pierden de vista el hecho de que la mayor habilidad, la destreza y la experiencia en el trabajo, son de su exclusiva propiedad, que nadie puede compartir.

-Ahora sí, dígame con sinceridad: ¿Puede trasladarse esta manera de adoptar la actitud positiva a su caso como ingeniero-extensionista? -me interpeló Alí.

-No me queda la menor duda- le contesté. ¡Parece que usted hubiera sido vendedor!

-Ciertamente, soy vendedor… vendo mis servicios, mi profesión, soy vendedor de ideas. Esto es ser extensionista, concluyó enfáticamente y me dió las gracias por haberlo escuchado, por haber aceptado hablar y compartir este tema, este enfoque de extensión.

-Continuemos con otros "principios" de ventas, adaptados desde luego a su actual profesión. Uno muy importante:

-Séptimo: Conozca bien su mercancía. Y ¿Cuál es la "mercancía"? La que usted ofrece, la suya? ¿Qué "vende" su empresa?

-Bueno.., crédito, asistencia técnica, servicios de...

-¿Conoce al dedillo todos los sistemas de crédito con sus condiciones? Los servicios que ofrece? Las características? Las ventajas? Los beneficios?- me interrumpió Alí.

-Más o menos me defiendo- le respondí.

-Usted deberá conocer muy bien su "mercancía" -me recalcó. Esto es supremamente importante, primero, para gozar de su trabajo; segundo, para remover los obstáculos; tercero, para desarrollar la confianza en usted mismo; y cuarto, para crear las verdaderas presentaciones, vendedoras!

Octavo: Conozca al cliente, al usuario. ¿Se ha detenido a analizarlo antes de hacerle la visita? O ha pensado cómo actúa en grupo, en una reunión? ¿Conoce usted bien cuál o cuáles son sus problemas?

-Generalmente, después de varios años de trabajo en una zona ya conoce uno más o menos cómo es la gente - le dije.

-Más o menos!... ¡siempre con generalidades! Se da cuenta? ¡Parece que poco le interesa identificar bien a su cliente, al usuario! -me amonestó en tono un poco enérgico- ¡Cuidado! Puede suceder que él no le contradiga nada mientras usted habla.

Usted pude salir convencido que hizo un buen trabajo; pero pasa el tiempo y el agricultor, su cliente, sigue en las mismas... no hace nada. No cambia. Su informe de "labores educativas" es alto, pero.. .es poco el cambio que se aprecia en la zona de trabajo.

Tenga muy presente esto que ya hemos dicho: el fin de la capacitación no es el conocimiento sino la acción. Usted piensa que el agricultor no sabe y por eso lo sigue capacitando haciendo más de lo mismo: reuniones, giras, días de campo, cursos cortos.

El asiste porque está, en cierta forma, comprometido con usted y no quiere "quedarle mal". Es más! Por cortesía; pero, si usted le preguntara cómo se siente él, qué piensa de esas reuniones, así, con sinceridad, él le diría algo por el estilo: "por qué no cambia el cuento"? "Eso ya lo he oído muchas veces". "Otra vez con los mismo?".

-Estoy totalmente de acuerdo con esa apreciación, - le dije.

-Hay otros elementos, también muy importantes, pero eso sería tema para un cursito corto que, de paso, pienso muy sinceramente, lo enriquecería mucho y sería un gran aporte a la actividad suya, en su profesión. Por ejemplo, lo que hay detrás de concretar la acción, hacer el "cierre de venta". Allí hay una profunda sicología.

El cliente, el usuario presenta objeciones. Si usted no sabe darle el tratamiento adecuado para distinguir entre una objeción y un pretexto; si no sabe aprovecharla como fuerza que colabora en la aceptación de su idea, de su "mercancía", pues sencillamente está perdiendo su esfuerzo. Y muchas veces en vez de persuadir, de "vender" su idea, de inducir a un cambio, resulta usted comprando, aceptando las razones del cliente, del agricultor. Hay toda una sicología interesante detrás de todo esto de la persuasión. ¡Es apasionante!

-¿Algo así como manipulación?- pregunté un poco tímidamente.

-Parece que a usted le han infundido ese temor. Hablar de la sicología de la persuasión que se aplica en las ventas profesionales es supremamente enriquecedor. ¡Nunca, oiga bien, nunca debe confundir la manipulación, el lavado de cerebro y el condicionamiento, con la verdadera razón del vendedor científico del profesional, del asesor! Este tiene un interés sincero de colaborar en la solución de problemas con unos servicios, con una "mercancía".

Para eso el verdadero profesional parte del conocimiento de las necesidades, sabe escuchar, sabe preguntar.

La pregunta, por ejemplo, tiene un transfondo pedagógico supremamente impactante. En la manipulación, por el contrario, hay fingimiento, no hay sinceridad; y esto con el tiempo hasta un niño lo percibe.

-Y... una pregunta, Alí: ¿Es indispensable que yo, ingeniero-extensionista, sea vendedor, que adquiera esas habilidades, como usted me lo presenta?

- Excúseme que le sea franco; y ojalá no se ofenda, - me dijo Alí- lanzándome una mirada sentenciadora:

-Si usted es honesto con usted mismo, con su institución, con su comunidad... ¡Si!. No lo dude un minuto! Es más, está muy en mora de interesarse por conocer y aprender sobre esto. (Este video es un caso real. http://bit.ly/uncaso)

De verdad que lo percibí muy convencido de lo que afirmaba.

-Además de lo que ya he mencionado, tal vez esto le ayudará a comprender mejor ha razón de lo que digo. Si usted recuerda a Everest Rogers en su análisis del proceso de adopción, notará cómo la distribución de la población tiene una curva normal, con una clasificación de innovadores, adoptadores tempranos, primera mayoría, etc.

Hoy se habla de la adopción como una actitud de aprendizaje, lo cual implica:

a) Realización de acciones repetitivas que conlleven a resultados positivos.

b) Tareas pertinentes y oportunas.

c) Acciones autónomas.

-No entendí mucho- le dije solicitándole una mayor claridad...

-Mire, permítame un ejemplo un poco exagerado, tal vez: usted y yo usamos zapatos, verdad? No necesitamos que nos estén diciendo todas las mañanas que debemos calzarnos. Hemos "aprendido", y no necesitamos que alguien venga a decirnos que usemos zapatos. No somos pasivos. Consultamos marcas, estilos, precios. Somos activos.

Si al agricultor tenemos que estarle diciendo que siembre, que renueve, que fertilice, etc, etc, lo estamos creyendo incapaces de pensar y de decidir, los estamos convirtiendo en dependientes, en personas pasivas.

Pienso que nuestro trabajo no está en recomendar, recomendar, recomedar y hacer tantas recomendaciones técnicas. Cuando el agricultor le consulta a usted, él le presenta un problema; su trabajo como extensionista es más enriquecedor si lo induce a tomar sus decisiones que cuando le da una recomendación.

En la práctica, cuando usted está dando una recomendación está tomando una decisión por él; mientras que cuando le está presentado opciones la decisión es del agricultor.

Miremos ahora un poquito tres teorías que Cash y Crissy han formulado explicando el proceso de persuasión aplicado a las ventas; y usted sacará sus conclusiones para su trabajo. Estas son:

a) Estímulo-Respuesta.

b) A.I.D.A. (Atención, Interés, Deseo, Acción)

c. Satisfacción de la necesidad.

- ¿Esa reacción al estímulo no es la misma que se emplea en los concursos? -le interpelé.

-Exactamente- contestó. Es una teoría sencilla. Su origen sicológico proviene de los primeros experimentos efectuados con animales; y que se resume en que existe una reacción determinada asociada a cada estímulo.

-Aplicando este estímulo a las ventas- continuó Alí- el vendedor necesita tener un repertorio de cosas qué decir y qué hacer: es decir, estímulos. La compra es la reacción esperada.

-Los estímulos que más se usan en extensión son ciertos subsidios, como el fertilizante, dádivas por la realización de ciertas prácticas. etc. A propósito de subsidios económicos -acotó Alí- se me viene a la mente la frase que dijo un economista que ha estudiado mucho la economía campesina en el país. Dijo: "el subsidio económico, temporal, coyuntural para ciertas prácticas, se considera en cierta, manera una... extorsión!: yo le doy algo a cambio de que usted haga algo...lo que yo le estoy recomendando"

-Eso es lo que hace uno con más frecuencia en las

reuniones o visitas a fincas, -le interpuse- Se usa el miedo, por ejemplo, para tratar que hagan cosas. Que si no fumiga, ¡las plagas le acabarán el cultivo! Si no abona, ¡no cogerá nada! etc. Apela a motivos, a sentimientos.

¡Ja, ja, ja! Qué buen ejemplo, -cortó riendo, y aclaró: -Pero como puede darse cuenta, esto de los estímulos no siempre da buenos resultados. El hombre tiene la capacidad de no reacción despúes a los estímulos cuando son muy frecuentes y por mucho tiempo. Lo que era estímulo se vuelve ya parte de la vida.

-La otra teoría, indicó, -la de A.I.D.A. -supone que a todos los clientes se les debe tratar de la misma manera. Las ventas se logran porque se hace pasar al cliente por una serie de estados mentales: atención, interés, deseo, acción. Sin embargo, yo le agrego algo más: la satisfacción. Si la práctica, el producto, el servicio, no le satisface, fácilmente se devuelve, regresa a la tecnología anterior.

El vendedor que emplea este sistema hace en cada presentación una serie de afirmaciones que tienen el propósito de atraer la atención, despertar el interés y crear el deseo para lograr la acción. Los propagadores de este método aseguran que, gracias a él, cada cliente recibe toda la información importante acerca del producto; y que es necesario que el vendedor emplee este enfoque para que pueda lograr la venta.

-Oiga, oiga... -le corté bruscamente. -No es esta la misma teoría con la cual Rogers explica el proceso de adopción?

-Exactamente la misma -asintió. Entonces... ¿definitivamente soy yo, extensionista, un vendedor?

-La respuesta la tiene usted mismo. Pero hay algo -me señaló-. Tiene su "pero". Los oponentes al método indican que este es un análisis de la situación desde el punto de vista del vendedor o del agente, más bien que del cliente, del usuario; lo que causaría una imposición sutil (o manifiesta); una manipulación. Y por eso es que muchos vendedores son fastidiosos, porque creen que este proceso es el adecuado.

-Y también nosotros -le corté- nos tornamos impertinentes cuando queremos a toda costa cumplir con unas metas, cuando buscamos que la gente haga tareas porque sí, sin tomarnos la molestia de conocerlo y de averiguar si en realidad va a solucionarle un problema o, por el contrario les causamos uno más.

¡Ese es el inconveniente del enfoque A.I.D.A. Se encuentran dificultades en su aplicación cuando el cliente, (o el usuario en nuestro caso), quiere obtener respuestas a sus problemas y el técnico lo que busca es que "le ayude a cumplir sus metas".

Pero miremos la tercera teoría, dijo:

En esta teoría, de la Satisfacción de Necesidades, se parte del supuesto que la persona compra o adopta algo, para satisfacer necesidades. Por lo tanto, para hacer una venta, el vendedor debe descubrir primera las necesidades del presunto comprador y mostrarle cómo sus productos y servicios satisfacen esas necesidades. Este es un enfoque orientado hacia el cliente, hacia el usuario, en comparación con los dos anteriores, que son enfoques orientados principalmente desde el punto de vista del vendedor.

-Pero uno, con varios años en la zona, ya sabe más o menos cuáles son los problemas y necesidades de la gente- le aclaré.

-Tal vez si. Y eso ya es un paso muy importante- contestó.

-No obstante, el agente profesional, el vendedor científico, identifica las necesidades y las desarrolla para descartar las que son implícitas, y conocer las que son explícitas, o sea aquellas que son el verdadero problema y que conllevan el deseo de solución.

-Y ¿cómo llega a ese punto? -le pregunté ya motivado, con mucho interés.

-Me parece que esto le inquietó, ¿verdad? Debería pensar en hacer un curso de estrategias de mercadeo y ventas -me sugirió. Sin duda le daría a usted muchísimos elementos para una mejor comprensión y aplicación en su trabajo.

Pero volvamos a su pregunta. No hay otra forma de conocer algo sino investigando. Y usted investiga y conoce al usuario preguntando; pero... preguntando con método. Para el caso que estamos tratando, hay, al menos, cuatro tipos básicos de preguntas: (a) Preguntas generales: "¿qué tal su familia?" "¿cómo está el tiempo?"; (b) preguntas específicas: "¿qué ...?" "¿cuánto?"; c) preguntas indagadoras, con las cuales se llega al problema verdadero; y, (d) preguntas orientadoras. Con estas últimas se hace que el cliente, el usuario, encuentre la solución y que esa solución sea la que yo le puedo ofrecer. Esto como para que tenga una idea.

- ¡Ah! ¿la cosa es preguntando? -le interpelé.

-Si señor -contestó- Lo he visto actuar en reuniones y usted todo lo que hace es hablar y hablar... presentando soluciones. ¿Por qué no pregunta? ¿Cuál es el temor? ¿No cree que es mejor conocer primero qué terreno pisa y luego ayudar a que ellos encuentren las soluciones? Naturalmente que este último enfoque, que podríamos llamar de "extensión consultiva", al igual que en la llamada "la venta consultiva", requiere una mayor habilidad y madurez porque el extensionista o vendedor, en este caso, se encuentra impedido de hablar acerca de su producto o servicio, mientras no descubra las necesidades del cliente.

Este es un enfoque técnico y científico de las ventas. Produce satisfacción en el cliente. Ve al vendedor como un amigo que le ayudó a solucionar un problema, no a un avivato que lo engañó y nunca más lo deseará volver a ver.

¡Imagínese a técnico engañando a un agricultor! ¡Si todos los días tiene que verse con él! Este aspecto, "consultivo", me ha llamado mucho la atención -le dije con sinceridad, muy convencido.

-Bajo estos conceptos, ¿cree usted que es necesario ser un profesional vendedor? -me preguntó como cerrando una venta...

A algunos que estábamos comentando la jornada nos preguntó:

- 1. Cuales son las principals objeciones que les dicen los agricultores para no hacer lo que ustedes les recomiendan?

- 2.- Qué les responde usted?

Aquella tarde me retiré a la casa meditando seriamente este tema de la habilidad que debe desarrolar el profesional como vendedor.

Me pregunté, entonces, yo mismo en voz alta: ¿Por qué no me enseñaron esto en la Universidad?

Es que la Universidad no me enseñó ni siquiera cómo elaborar una hoja de vida vendedora, cómo elaborar un portafolio de servicios… y esa es la primera carta de ventas de todo profesional.

El día siguiente tuvimos una reunión con la Junta comunal y la Cooperativa. También allí estuvo acompañándome, luego de las cuales aprovechó para hacer comentarios, y analizó:

CAPITULO IV.

Debo ser Líder?

"Liderazgo, más acción que alarde".

Peter Drucker

La gente lo sigue, lo acata, verdad? Veo que usted, extensionista, ¡es también un líder!

-Yo, profesional-extensionista, ¿líder?

-Claro que sí, y si no lo es en el verdadero sentido, ¡debe procurar serlo!

-Y... ¿Cómo? Si esa cualidad de... líder es de por sí de cuna... de nacimiento?. No se da por títulos académicos. El líder informal digo yo...

-Revisemos unos conceptos que se han ventilado sobre este tema -me dijo Alí. En una época se creía que las condiciones de liderazgo eran innatas; que los líderes nacían, no se hacían, y eran llamados a su destino por medio de algún proceso oscuro.

El liderazgo del que quiero referirme, explicó Alí, es el liderazgo eficaz, que mueve organizaciones, comunidades, a empleados, de estados actuales a futuros; que crea visiones de oportunidades para las mismas personas, que imprime nuevas estrategias, que moviliza y concentra la energía y los recursos.

Este tipo de liderazgo, como lo describen Warren y Burt, "será más evidente… en aquellas organizaciones que sean capaces de responder a condiciones mutables y turbulentas. Es que los problemas actuales no se resolverán sin organizaciones que tengan éxito; y las organizaciones no pueden tener éxito sin un liderazgo eficaz".

Lo cierto es que el factor crucial para manejar el talento humano es el liderazgo. Pero desafortunadamente los llamados líderes o dirigentes, no han sabido comunicar a sus seguidores visión, significado, empuje.

Existe una diferencia profunda entre la administración y el liderazgo, y ambos son importantes. Un gerente es alguien que hace las cosas bien, y un líder es aquel que hace lo que hay que hacer. Los líderes se preocupan por los principios básicos y la orientación general de su organización, empresa, comunidad, y tienen una perspectiva orientada a la visión, a hacer lo correcto. Inspiran una visión!

Los líderes dirigen tendencias nuevas, crean ideas y políticas nuevas, metodologías nuevas. Los grandes líderes tienen gran preocupación por los resultados. Son personas más orientadas hacia los resultados y los resultados les llaman la atención. Sus visiones imponen respeto y atraen a la gente hacia ellos. Estas personalidades no tienen que forzar a los demás para que les presten atención; son como el niño absorto en la construcción de su castillo de arena: atrae a otros.

Una característica importante del líder -explicó Alí- es la búsqueda de saber "por qué" antes de saber "cómo" . El liderazgo eficaz corre riesgos; hace innovaciones. Al igual que los atletas, los líderes se fijan metas y objetivos elevados.

-Pero... ¿No es como difícil encontrar... o ser un líder así? -le pregunté.

-Puede que sí, pero reconozca que los líderes no necesariamente tienen que ser excepcionales en todo sentido. Los líderes competentes aprenden a equilibrar sus perfecciones antes que se conviertan en perjudiciales. Pero lo importante de este tipo de liderazgo, así organizacional, es que hale, no empuje a la gente; que motive, que libere ese potencial de la gente, que habilite a otros para que traduzcan la intención en realidad y la mantengan. Para que innoven.

Para escoger una dirección, el líder desarrolla primero una imagen mental del futuro posible y deseable de la organización. Se forma una visión. Una visión es una meta que atrae. Aquí se encuentra precisamente una de las más claras diferenciaciones entre el líder y un simple administrador.

Concentrando la atención en una visión, el líder actúa sobre los recursos emocionales y espirituales de su organización, sobre sus valores, sus compromisos y aspiraciones. El gerente, en cambio opera sobre los recursos físicos de la organización, sobre su capital, sobre las destrezas humanas.

Un excelente gerente puede buscar que el trabajo se haga de una manera productiva y eficiente. El líder ayuda a que su gente además, aprenda a sentir orgullo y satisfacción de su trabajo.

Todos los líderes enfrentan el reto de vencer la resistencia al cambio, ejercen un liderazgo "transformativo". Pero este liderazgo transformativo, no es tanto el ejercicio de un poder por sí mismo como la habilitación de otros. Los líderes dirigen más bien halando que empujando; inspirando que ordenando; creando expectativas; y recompensando antes que manipulando; habilitando las propias iniciativas, más que negándoles o constriñéndoles sus experiencias y acciones.

Alí, ¡Emocionante! ¡Emocionante! -exclamé.

-Es que las organizaciones progresistas son fruto del entusiasmo y de la convicción de hombres motivados -sentenció Alí. -La motivación es el deseo de mejorar, de crear, de hacer un trabajo constructivo. Es una conducta. La motivación es la respuesta a un reto; ¡es el orgullo que se siente cuando se logra algo!

-De acuerdo con todo este panegírico -le dije- deben existir algunas cualidades para llegar a ser un líder, de esa clase...

-Transformativo- gritó Alí.

-Mire -indicó el asesor- siempre han existido y existen en la actualidad, muchas personas que han tenido en alto grado cada una de estas cualidades, y a pesar de ellas no fueron líderes.

- ¿Cuáles cualidades? -le interrumpí.

-Las que usted, además, deberá desarrollar si quiere ser un verdadero agente de desarrollo. Y acto seguido me espetó una especie de recetario.

-Usted, como un profesional-líder, es reconocido y aceptado como tal:

Primero: Cuando esté automotivado, viva de una

manera optimista y esté orientado hacia el desarrollo de su potencial personal y el de su colaboradores;

Segundo: Cuando tenga iniciativa y sea capaz de despertarla en los demás;

Tercero: Cuando posea e irradie una autoconfianza auténtica;

Cuarto: Cuando tenga la habilidad de concentrarse, de ver las situaciones como son en realidad, y de evaluarlas correctamente;

Quinto: Cuando use creatividad e imaginación;

Sexto: Cuando sea capaz de tomar decisiones y de actuar de acuerdo con ellos: y,

Séptimo: Cuando sienta un interés sincero por los demás y conozca la manera de motivarlos a actuar.

Ahora bien. Analice un poco y se dará cuenta que todos los dirigentes que han triunfado en la historia del gobierno, del arte, de la ciencia, de la religión y de los negocios, han usado la motivación para provocar cambios, para inspirar, para inducir a la acción con un fin determinado.

-Eso es cierto. Y ¿Cómo cree usted que han logrado eso? - le inquirí.

-En primer lugar, descubriendo una necesidad humana básica, una urgencia, un deseo, una emoción suficientemente fuerte para que, activada, se proyectara en acción; y una vez descubierta esa necesidad, solo tuvieron que elegir el mecanismo adecuado para activarla, transformándola en una fuerza poderosa para el bien o para el mal.

-Pero ¿cómo puedo conocer, cuáles son los verdaderos problemas de la gente? Si todos los días me hablan de la falta de dinero, de la mala cosecha, de que no le prestan plata; que la carretera..., que los bajos precios de los productos... etc.

-Naturalmente! El agricultor se le queja a usted de todo. Le presenta a usted todos los problemas que siente. El cree que usted, o mejor, su institución, le pueden ayudar a solucionar todos los problemas, o la gran mayoría y tiene razón en pedir. Así ha sido formado, ¿Verdad?

Anteriormente -y todavía ocurre- se daban muchos subsidios. Y esa concepción paternalista de vez en cuando sale a relucir. ¿No es cierto?

-Sí, sí, si. Pero esa etapa ya pasó. Ahora ya son otros tiempos. Los recursos no alcanzan. Las necesidades son muchas. Tenemos que buscar precisamente nuevas estrategias para inducir un desarrollo por "auto-gestión" -Y… ¿cómo hacerlo?

Esa es mi permanente preocupación. Usted que es un asesor me puede ayudar, ¿no es cierto?

-No piense que soy un mago. Quizá si seguimos analizando y discutiendo el tema, lleguemos a algo positivo y fructífero, ¿De acuerdo?

-De acuerdo.

-Observe bien lo que dicen algunos autores: "la filosofía de la motivación por actitudes está basada en el conocimiento y comprensión de la naturaleza humana".

"Cualquier cambio en la actitud debe emanar de la comprensión y aceptación interior; o sea, del conocimiento. Una aceptación a ciegas, sin base, puede cambiar rápidamente y en cualquier momento; pero si las actitudes de una persona están basadas en un profundo conocimiento, serán permanentes". Por lo tanto, se puede concluir que la efectividad de todo profesional y del extensionista-líder en particular, cuando ayuda a sus seguidores a cambiar sus actitudes, dependerá primordialmente del grado en que los ayude a conocer mejor las razones por las cuales son deseables dichos cambios".

Pero debe tener cuidado! Siempre que trate de provocar cambios, tropezará con algo que se denomina "tradicionalismo", en cualquiera de sus tres manifestaciones:

(a) "En forma de temor: el hombre en general, y el agricultor en particular teme los cambios porque representan lo desconocido . Necesita pues estímulo y seguridad;

(b) Indecisión: es difícil cambiar porque implica admitir la impresión de que estaba equivocado. Por lo tanto se debe usar cierto tacto para no implicar ni sugerir que su posición anterior era errada;

(c) Falta de información: parece mentira, pero la mayoría de las personas no cambia por la sencilla razón que se ignora qué dirección tomar".

Yo lo escuchaba atentamente porque parecía que estaba muy apoyado en teorías y experiencias suyas y de muchos autores que estudian la psicología humana.

En cierta ocasión en la que tuvimos oportunidad de asistir a una reunión, yo me limité a dar un poco de información a los agricultores. Hablé de proyectos de tecnificación de los cultivos, de la semilla mejorada, de las modalidades de crédito, cuantía, intereses, etc. También hablé de los programas del Ministerio de agricultura, de los servicios institucionales y por lo tanto, de la importancia de la asociatividad.

En fin, creo que presenté una gama de servicios o soluciones a algunos de los problemas de la comunidad. Más o menos salí satisfecho.

Pero, como de costumbre, mi asesor no abrió la boca durtante mi intervención. Tomó apuntes.

Ya al regreso a la oficina le manifesté:

-Uno como extensionista-líder, debe tener mucha información; y tener originalidad y creatividad para proponer cosas y programas a los agricultores, ¿no es cierto? ¡Uno debe tener muchas y buenas ideas!

-Muchos agentes de cambio, líderes y ejecutivos piensan erróneamente eso que usted dice. Creen que toda originalidad o creatividad debe venir de lo alto.

Usted como líder, debe ser muy hábil en reconocer el potencial creativo que hay en el personal con quien trabaja, en los agricultores y respetar sus opiniones.

Si su comunicación es de una sola vía, de arriba hacia abajo, usted está ahogando una de las fuentes principales de ideas nuevas y creadoras para mejorar su metodología de trabajo, para progresar.

Esto no es revolucionario ni alarmante, la participación de su gente tiene mucho que ofrecer. Después de todo, ¿quién conoce mejor los detalles y características del trabajo sino ellos, los que están ahí metidos en el barro?

Y como regañándome por la reunión me reclamó:

-Usted más que hablar, más que ofrecer soluciones, debería provocar diálogo, discusión, participación. Hay investigaciones que demuestran que un individuo olvida alrededor del 40% de lo que escucha, en los siguientes veinte minutos: 60% en medio día; y 90% en una semana. Esto quiere decir que para fines de esta semana su gran disertación quedará prácticamente reducida a la nada. La participación ayuda a vender, a buscar soluciones, a enriquecer el trabajo.

-Es que hay que trabajar con grupos: o si nó no podemos llegar a todos los agricultores -le repliqué como justificando la actividad grupal que acababa yo de realizar.

-Sí, pero no olvide que un grupo está conformado por individuos, y los intereses del grupo son la sumatoria de las necesidades, por lo menos de un número grande de sus integrantes, ¿si ó no?

-Tal vez, -respondí medio inseguro. Pero ¿cómo sé cuáles son las necesidades de peso, "sentidas" como dicen algunos? -le argumenté.

-Preguntando...simplemente preguntando, -me contestó a secas.

Recuerde que el "punto de interrogación" es más eficaz y poderoso que el "punto de exclamación". Preguntando puede lograr que la persona que habla pase de una generalidad a un punto específico; además puede precisar conflictos y necesidades y transformar las palabras en auténtica comunicación.

-Ajá, esto me hace recordar algo que usted me dijo antes, hablando del extensionista-vendedor. Allí mencionaba unos tipos de afirmaciones, ¿no es cierto?

-¿Se acuerda de ellas? -me preguntó Alí.

-Sí, claro; creo que son: el líder hábil es aquel que de

muchas maneras estimula la creatividad de su gente.

El líder verdaderamente capaz, escucha y mantiene abierta la mente aceptando soluciones diferentes o ideas poco comunes; y continué mencionándole muchos elementos que se me habían grabado durante todo el tiempo de participar juntos en varias actividades.

-¡Qué bien! Cómo ha asimilado correctamente las experiencias -exclamó Alí. Y decía esto como concluyendo el mediodía y con él, prácticamente su misión conmigo.

Era el último día de su estadía en el país.

Al terminar el dia me entregó fotocopia de un artículo tomado de una revista para que reflexionara más sobre el tema.

Partimos para la oficina a una pequeña reunión de despedida que le teníamos preparada con mucho sigilo, para darle una sorpresa. Hubo un almuerzo con gallina, amenizado con un conjunto de una vereda y unas danzas de unas niñas campesinas ataviadas con traje típico.

Lo acompañe después al aeropuerto...Charlamos más. Intercambiamos algunos detalles. Le agradecí nuevamente a nombre mío y de todo el equipo de extensión toda su confianza, su amistad y, sobre todo su gran entusiasmo contagiante con el que nos motivó durante sus cortos dias de trabajo con nosotros.

Le manifesté una vez más mis agradecimientos por toda su experiencia y sus vivencias compartidas con nosotros y especialmente conmigo en el campo, conociendo esas realidades.

Cuando el avión despegó me quedé mirando el horizonte pensando en ese extraño personaje.

Regresé a la oficina pensativo. El tema de comentarios fue sobre ese carismático asesor.

Repasamos anécdotas, sus mensajes profundos, su experiencia en que se apoyaba... y hasta su nombre... muy extraño por cierto.

Sin ocultarlo, Clarita, la aseadora, que con gran esfuerzo termina su bachillerato nocturno y quien había permanecido callada durante el almuerzo, mirando y admirando al asesor, de repente lanzó un ¡eureka! Ya entiendo!

-¿Qué pasó? Le gritamos.

-Ya entiendo, ya entiendo, dijo con los ojos como de asombro.. . Ese nombre, Ag Ca... ¿no quiere decir acaso... Agente de Cambio... Ven... Vendedor... ..... Ad, Administrador, Li... Líder?

¡Casi la abrazo!

¡Quedé perplejo! Ella, aparentemente ignorante había hecho un gran descubrimiento: ¡Un nombre! ¡Un hombre! ¡Una misión! Una vida.. .Y ¡qué vida!

CAPITULO V

Y...

Desde entonces he seguido pensando en este personaje, su nombre, su misión, su vida, su entusiasmo. ¡Una singular asesoría!

Una apreciación suya me acompaña permanentemente. Dijo en la reunión de despedida:

"Estoy convencido que un equipo de trabajo –cualquiera que sea- en este caso, el de extensión, tal como lo hemos analizado, incluyendo aseadora, secretaria, técnicos, etc, sólo un equipo así, motivado, entusiasta y estructurado bajo estos tres conceptos, es capaz de liderar un emprendimiento, un desarrollo rural muy independiente de fenómenos externos; con un progreso sostenido, constante, permanente; menos atado e influenciado por esos factores que parece que anulan o, a veces, limitan seriamente el trabajo del servicio de extensión...

(Vea más artículos semanales sobre extensión en http://bit.ly/blogLigorio)

Ag... agente de

Ca...cambio... .....

Ven ... Vendedor...

Ad...Administrador

Li... Líder...

Como una misión la revivo permanentemente.

BIBLIOGRAFIA

BENNIS, W. y NANUS B. Líderes: las cuatro claves del liderazgo eficaz. Ed. Norma. 1985.

BUSCAGLIA, LEO. Vivir, amar y aprender. 1982.

CAIO, L y TENORIO F. Administración de proyectos. Enfoque sistemático Fundación Getulio Vargas. EIAP. Rio de Janeiro, 1984 (Mimeo).

CASH, H. y CRISSY. Diferentes formas de considerar las ventas. En La venta consultiva. Seminario, 1986.

IACOCCA, L. y NOVAK W. Iacocca, autobiografía de un triunfador. Ed. Grijalbo. Tercera Ed. 1985.

IVEY PAUL W. La ciencia y el arte de vender. Ed. W.M. Jackson, Mexico, 1953.

KELSEY, L.D. y HEAENE C.C. Trabajo de extensión agrícola. Ed. Reverté. México, 1963.

MANDINO, OG. El vendedor más grande del mundo. Ed. Diana. 1975.

McCORNACK H.M. Lo que no le enseñarán en la Harvard Business School. Ed. Grijalbo. 1985.

MEYER. Paul. Dinámica de la motivación. Success Motivation International. 1984.